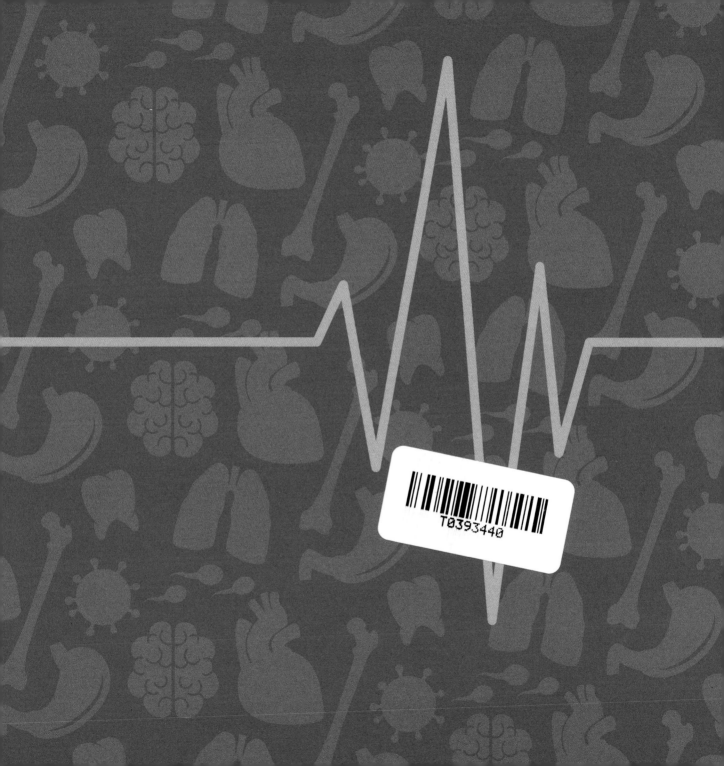

Le cœur

QuébecAmérique

Projet dirigé par Marie-Anne Legault, éditrice

Recherche et rédaction : Katia Vermette
Direction artistique et mise en pages : Marylène Plante-Germain
Couverture et illustrations : Kan-J
Révision linguistique : Sabrina Raymond
Experte-consultante : Isabelle Picard, enseignante de physiologie humaine
Conseillère pédagogique : Anne Gucciardi

Québec Amérique
7240, rue Saint-Hubert
Montréal (Québec) Canada H2R 2N1
Téléphone : 514 499-3000

Nous reconnaissons l'aide financière du gouvernement du Canada.

Nous remercions le Conseil des arts du Canada de son soutien.
We acknowledge the support of the Canada Council for the Arts.

Nous tenons également à remercier la SODEC pour son appui financier.
Gouvernement du Québec – Programme de crédit d'impôt pour l'édition de livres – Gestion SODEC.

Catalogage avant publication de Bibliothèque et Archives nationales du Québec et Bibliothèque et Archives Canada

Titre : Le cœur.
Autres titres : Cœur (Québec Amérique)
Description : Mention de collection : Le corps humain | Savoir | Pour les jeunes de 9 ans et plus.
Identifiants : Canadiana (livre imprimé) 20230074960 | Canadiana (livre numérique) 20230074979 | ISBN 9782764452974 | ISBN 9782764452981 (PDF) | ISBN 9782764452998 (EPUB)
Vedettes-matière : RVM : Cœur—Ouvrages pour la jeunesse. | RVM : Émotions—Aspect physiologique—Ouvrages pour la jeunesse. | RVMGF : Albums documentaires.
Classification : LCC QP111.6.C64 2024 | CDD j612.1/7—dc23

Dépôt légal, Bibliothèque et Archives nationales du Québec, 2024
Dépôt légal, Bibliothèque et Archives du Canada, 2024

Tous droits de traduction, de reproduction et d'adaptation réservés

© Éditions Québec Amérique inc., 2024.
quebec-amerique.com

Imprimé au Canada

Crédits photo

p. 8 : zinkevych-141599312/stock.adobe.com
p. 9 : WavebreakMediaMicro-504159585/stock.adobe.com
p. 12 : Fotos593-655704217/shutterstock.com
p. 13 : thongchainak-177768946/stock.adobe.com
p. 15 : AnnaStills-373152975/stock.adobe.com
p. 16 : Alessandro Grandini-295440871/stock.adobe.com
p. 18 : NDABCREATIVITY-430325793/stock.adobe.com
p. 19 : Swapan-80087075/stock.adobe.com
p. 20 : siro46-2187067341/shutterstock.com
p. 22 : beats_-294923960/stock.adobe.com
p. 23 : loreanto-272660966/stock.adobe.com
p. 24 : Photo_Olivia-2196690511/shutterstock.com
p. 25 : Vagengeim-579536056/shutterstock.com
p. 27 : zoff-453698542/shutterstock.com,
   New Africa-232847041/stock.adobe.com,
   koszivu-44682660/stock.adobe.com
p. 28 : Dmitriy Kandinskiy-1380801545/shutterstock.com
p. 29 : slowmotiongli-371765225/stock.adobe.com

Dans la même collection

Série *L'environnement*
L'air, 2022.
Les forêts, 2021.
Les sols, 2021.
L'eau, 2020.
Les déchets, 2020.

Série *Autour du monde*
Villes et villages, 2024.
La nourriture, 2023.
La musique, 2022.
Les religions, 2021.
Les sports, 2021.

Série *Le corps humain*
Les gènes, 2023.
Le cerveau, 2022.
La digestion, 2022.

LE CORPS HUMAIN englobe l'ensemble des structures et des organes qui font de toi un être vivant. Les organes font partie d'équipes spécialisées, appelées « appareil » ou « système ». Tous jouent un rôle précis, essentiel au bon fonctionnement du corps.

LE CŒUR est un organe de l'appareil circulatoire. C'est le moteur de ton corps. Son rôle est de faire circuler le sang afin que toutes les parties de ton organisme reçoivent le carburant dont elles ont besoin pour fonctionner.

Mais pourquoi ton cœur bat-il plus vite quand tu bouges ou quand tu as peur ? Peut-on réellement avoir le cœur « brisé » ?

Chaque fois que tu vois un mot en rouge, c'est que sa définition se trouve dans le glossaire à la dernière page !

Table des matières

Ensemble, le cœur, les vaisseaux sanguins et le sang composent l'appareil circulatoire.

- ❶ **Le cœur**, p. 6-9
    - ❷ Oreillettes, p. 7
    - ❸ Ventricules, p. 7
    - ❹ Valves cardiaques, p. 7
- ❺ **Les vaisseaux sanguins**, p. 10-11
    - ❻ Artères, p. 10
    - ❼ Veines, p. 10
    - ❽ Capillaires, p. 10

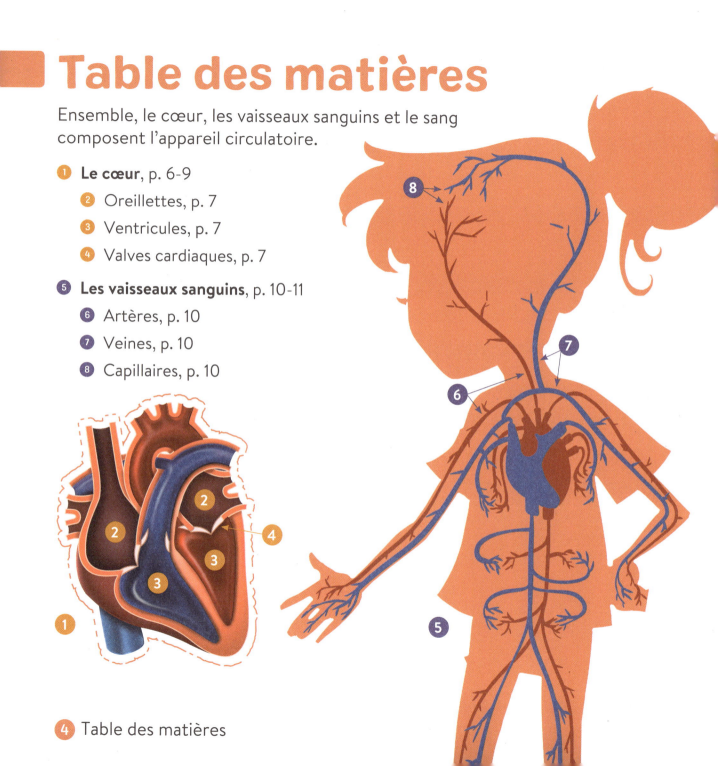

❹ Table des matières

Le pouls et la pression, p. 12-13

Le sang, p. 14-16
    Composition, p. 14
    Coagulation, p. 15
    Couleur, p. 16

Le cœur et les émotions, p. 17

Quand ça ne tourne pas rond, p. 18-21
    Souffle au cœur, p. 18
    Arythmie, p. 19
    Crise cardiaque, p. 20
    Arrêt cardiaque, p. 21

Prendre soin de ton corps, p. 22-25
    Manger mieux, p. 22
    Rester zen, p. 23
    Bien dormir, p. 24
    Bouger chaque jour, p. 24
    Éviter les fumées nocives, p. 25

Se tourner vers l'avenir, p. 26-29
    Nouvelles technologies, p. 26
    Nouveau cœur, p. 28

Activités, p. 30-31

Glossaire, p. 32

Table des matières

Mais encore, c'est quoi *le cœur* ?

Sais-tu que le cœur est en grande partie un **muscle** ? Un muscle si puissant qu'il peut **propulser** le sang jusqu'aux zones de ton corps les plus éloignées (orteils, doigts, oreilles). Cette super pompe infatigable bat plusieurs fois par minute pour faire circuler le sang vers toutes les parties du corps : cerveau, intestins, poumons, muscles, os, peau, etc.

Le cœur se trouve au milieu de la **cage thoracique**, un ensemble d'os qui le protège. Si tu y portes attention, tu peux le sentir battre dans ta poitrine.

> Le cœur grossit au fur et à mesure que tu grandis. Mais peu importe ton âge, il sera toujours environ de la taille de ton poing.

UN MOTEUR ESSENTIEL À LA VIE

Propulsé par le cœur, le sang fournit à toutes les **cellules** de ton corps de l'**oxygène** et des **nutriments**. C'est le carburant dont elles ont besoin pour fonctionner. Le sang débarrasse aussi tes cellules de leurs déchets, comme le **gaz carbonique**. Grâce à ton cœur, tu as de l'énergie pour bouger, penser et jouer ! Sans lui, la vie serait impossible.

Les deux pompes du cœur

Le cœur est formé de deux pompes placées côte à côte que l'on appelle « **cœur droit** » et « **cœur gauche** ». Elles se contractent (se serrent) régulièrement, ce qui fait circuler le sang. Le cœur droit pompe le sang vers les poumons, tandis que le cœur gauche l'envoie dans le reste du corps. Chaque pompe comprend deux chambres : l'**oreillette** et le **ventricule**.

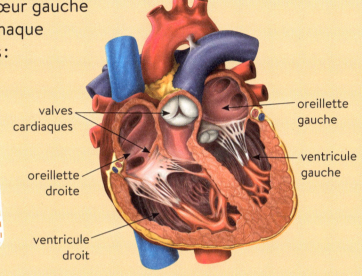

valves cardiaques
oreillette gauche
oreillette droite
ventricule gauche
ventricule droit

Les **valves cardiaques** sont de petites portes à la sortie de chaque chambre du cœur. Lorsque les oreillettes ou les ventricules se contractent, ces valves s'ouvrent pour laisser passer le sang, puis se ferment. Ainsi, le sang circule dans le bon sens.

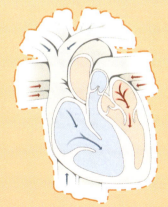

❶ Le sang entre dans le cœur par les oreillettes et les remplit.

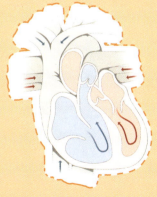

❷ Pleines, les oreillettes se contractent (se serrent) et envoient le sang vers les ventricules.

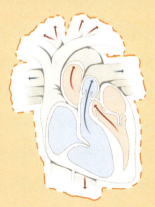

❸ À leur tour, les ventricules remplis de sang se contractent pour envoyer le sang partout dans ton corps.

Le cœur

Une pompe électrisante

Le muscle du cœur n'est pas comme les autres. Il fonctionne de manière **autonome**, c'est-à-dire sans que tu aies besoin de lui demander de battre. Mais alors… qu'est-ce qui fait battre ton cœur ?

Les battements de ton cœur sont créés par des **signaux électriques**. En fait, ton cœur possède sa propre centrale électrique et un grand réseau de fils. Ensemble, ils font battre les oreillettes et les ventricules tour à tour, ce qui permet à ton cœur de bien fonctionner.

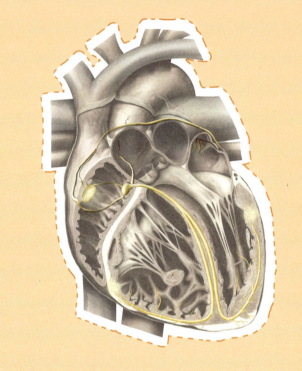

D'où vient le bruit des battements de ton cœur ?

Le « boum boum » que fait ton cœur lors de chaque battement est le bruit des **valves cardiaques** qui se referment. Le premier « boum » vient de la fermeture des valves à la sortie des oreillettes. Le deuxième « boum » se produit quand les valves à la sortie des ventricules se referment.

Tu peux écouter les battements de ton cœur avec un appareil appelé « **stéthoscope** ».

8 Le cœur

Les mystères de la fréquence cardiaque

La **fréquence cardiaque** est le nombre de fois que le cœur bat par minute. La fréquence cardiaque d'un adulte est d'environ 70 battements par minute. Celle d'un enfant de 10 ans est plus rapide, soit autour de 90 battements par minute.

La fréquence cardiaque varie au cours d'une journée. Lorsque tu fais de l'exercice, tes muscles s'activent. Ils ont donc besoin de plus d'énergie que si tu regardes la télévision ou que tu dors. Pour fournir plus d'énergie à tes muscles, ton cœur bat plus rapidement.

Les fortes émotions comme la colère, la peur et la joie augmentent aussi ta fréquence cardiaque.

RENDRE SON CŒUR PLUS PUISSANT

Comme pour les autres muscles du corps, on peut entraîner le cœur afin de le renforcer. L'exercice physique rend ton cœur plus puissant. Il peut alors pomper plus de sang à chaque battement, ce qui fait qu'il n'a pas besoin de battre si rapidement. La fréquence cardiaque des athlètes au repos peut être aussi basse que 35 battements par minute.

Le cœur

Les vaisseaux sanguins

Un immense réseau routier

Ton cœur ne travaille pas seul. Pour transporter le sang dans ton corps, il reçoit l'aide des **vaisseaux sanguins** (**artères**, **capillaires**, **veines**). Ceux-ci forment un immense réseau routier qui permet au sang de rejoindre toutes tes **cellules**.

Les **artères** sont de gros vaisseaux sanguins par lesquels le sang passe après être sorti du cœur. Comme les autoroutes ont plusieurs voies pour accueillir plein de voitures, les artères laissent passer à toute vitesse de grandes quantités de sang expulsé par le cœur. Une fois dans les organes, le sang quitte les artères et emprunte des routes, puis de minuscules rues appelées « **capillaires** ». C'est là que se font les échanges entre le sang et les cellules. Pour retourner vers le cœur, le sang rejoint des routes de plus en plus grandes appelées « **veines** ».

Le grand voyage du sang dans le corps

Le sang arrive au cœur par les **veines caves**. Il traverse le **cœur droit**, puis emprunte les **artères pulmonaires** pour se rendre aux **poumons**. Là, le sang se remplit d'oxygène et le gaz carbonique s'en échappe. Le sang oxygéné retourne ensuite au cœur gauche par les **veines pulmonaires**.

Après avoir traversé **le cœur gauche**, le sang oxygéné est **propulsé** dans l'**aorte**, puis dans d'autres artères plus petites afin de rejoindre toutes les cellules du corps. Le sang pauvre en oxygène et chargé de gaz carbonique retourne ensuite au cœur droit.

Et le voyage recommence, encore et encore, tant que le cœur bat.

En plus de faire des échanges avec les poumons, les vaisseaux sanguins communiquent avec le tube digestif, où les **nutriments** de la nourriture sont absorbés dans le sang, et avec les reins, où le sang se débarrasse de plusieurs déchets.

Le sang met seulement 1 minute à parcourir l'appareil circulatoire !

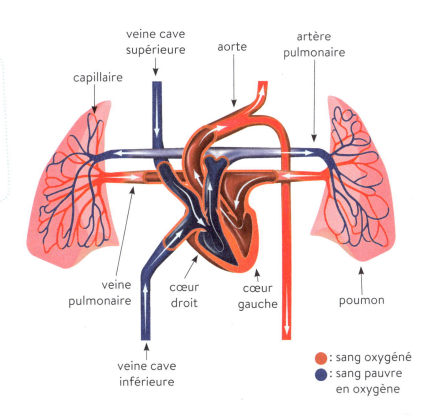

Les vaisseaux sanguins

Le pouls et la pression

Les vagues du cœur

Quand le cœur bat, il provoque une vague dans les vaisseaux sanguins, qui permet au sang de rejoindre toutes les structures et les organes du corps. La vague se répète lors de chaque battement du cœur et crée une pulsation appelée « **pouls** ».

Tu peux ressentir ton pouls si tu places ton doigt sur le côté de ton cou, sous ta mâchoire, ou encore à l'intérieur de ton poignet.

Les vaisseaux sanguins sous pression

On appelle « **pression artérielle** » la force qu'exerce le sang sur la paroi des **artères**. La pression artérielle varie au cours d'une journée. Elle s'élève si tu ressens du stress et diminue quand tu dors.

> On dit qu'une personne souffre d'**hypertension** quand la pression est trop élevée dans ses artères. Son cœur doit alors travailler plus fort pour pomper le sang partout dans le corps.

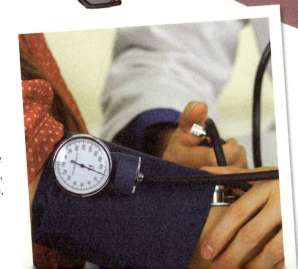

On peut mesurer la pression grâce à un **tensiomètre** que l'on place sur le bras, au-dessus du coude.

Pourquoi mes mains deviennent parfois blanches quand j'ai froid?

Les artères peuvent se serrer et se desserrer, un peu comme le fait une ceinture autour de la taille. Leur pouvoir élastique aide ton corps à envoyer le sang vers les structures et les organes qui en ont le plus besoin.

Quand tu as froid, les petites artères qui se trouvent loin de ton cœur se serrent, ce qui diminue la quantité de sang qui se rend à tes extrémités. Ainsi, le sang se concentre autour de tes organes vitaux (cœur, poumons, cerveau, etc.) pour les garder au chaud. C'est pourquoi tes lèvres, tes mains et tes pieds apparaissent parfois blancs ou bleus si tu restes trop longtemps dans une piscine froide.

Si tu remarques que tes extrémités deviennent bleues ou blanches lorsque tu te baignes ou que tu joues dehors l'hiver, il est important de te mettre au chaud pour éviter l'hypothermie.

> L'**hypothermie** survient quand la température de ton corps devient trop basse. Ton corps n'arrive alors plus à fonctionner normalement, ce qui est dangereux pour la santé.

Le pouls et la pression

Le sang

Les rôles insoupçonnés du sang

Le sang est l'épais liquide rouge qui circule dans les vaisseaux sanguins. On trouve plusieurs composantes dans le sang...

❶ Le **plasma** est un liquide jaune surtout fait d'eau. Il transporte les globules rouges (2), les globules blancs (3), les plaquettes (4) et tous les **nutriments** dont ton corps a besoin.

❷ Les **globules rouges** transportent l'oxygène des poumons jusqu'aux **cellules**. Ce sont aussi eux qui donnent au sang sa couleur rouge.

❸ Les **globules blancs** sont des « soldats » qui défendent ton corps contre les microbes.

❹ Les **plaquettes** participent à la **coagulation** du sang (formation de caillots) et à la **cicatrisation** des blessures.

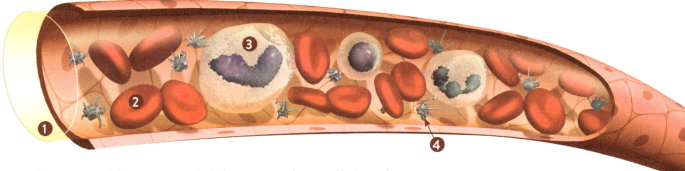

C'est aussi le sang qui débarrasse les cellules de leurs déchets et les achemine à tes poumons ou à tes reins, d'où ils sont expulsés de ton corps par l'air que tu expires et par l'urine.

> Le corps d'un humain contient entre 5 et 6 litres de sang, soit l'équivalent d'autant de cartons de lait.

Des plaquettes à la rescousse

Quand tu te coupes, le sang s'écoule à l'extérieur du vaisseau sanguin blessé. C'est ce qu'on appelle une « **hémorragie** ».

La plupart des hémorragies sont très petites et n'ont rien de grave. C'est le cas lorsque tu t'écorches le genou ou que tu te coupes le doigt avec une feuille de papier. Tu saignes un peu, puis les plaquettes arrivent à la rescousse pour former un bouchon (**caillot**) et tu arrêtes de saigner. C'est la **coagulation**. Elle se produit lorsque les plaquettes et d'autres composantes du sang se regroupent autour de la blessure. Elles empêchent alors ton sang de quitter le vaisseau sanguin blessé. Le caillot finit par former une plaque de sang séché (la fameuse « gale »).

Le sang se régénère sans cesse. C'est pourquoi on peut donner un peu de sang sans que cela affecte la santé. Plusieurs adultes donnent régulièrement du sang. Un seul don peut sauver jusqu'à quatre vies !

> Une blessure peut toucher un gros vaisseau sanguin. Dans ce cas, la perte de sang peut être rapide et importante. On doit vite soigner la blessure. Les hémorragies graves nécessitent parfois un **don de sang**.

La couleur du sang

Le sang est toujours rouge, mais sa teinte varie selon la quantité d'oxygène transportée par les globules rouges. Lorsque ceux-ci sont chargés d'oxygène, comme à la sortie des poumons, le sang est **rouge vif**. Après avoir alimenté les **cellules**, les globules rouges sont déchargés d'oxygène. Le sang prend alors une teinte **rouge foncé**.

Pourquoi voit-on le sang bleu au travers de la peau pâle ?

Il s'agit en fait d'une illusion d'optique. La lumière qui te permet de voir est une combinaison d'ondes de plusieurs couleurs. La peau pâle agit comme un voile transparent qui laisse passer la lumière et toutes ses ondes. Mais les **veines** sous la peau ne les laissent pas toutes passer. Les ondes bleues sont réfléchies comme sous l'effet d'un miroir. Puisque c'est la seule couleur qui revient vers ton œil, tu as l'impression que le sang des veines est bleu, même si, en réalité, il est rouge.

On croyait autrefois que les gens des familles royales avaient le sang bleu. Vu qu'ils restaient dans leur palais et s'exposaient peu au soleil, leur peau demeurait très pâle. Elle réfléchissait donc plus facilement la couleur bleue.

Le cœur et les émotions

As-tu déjà remarqué que lorsque tu ressens de fortes émotions, ton cœur bat plus rapidement ? Il s'accélère quand tu as peur ou que tu éprouves une grande joie. C'est d'ailleurs pour cette raison qu'on a longtemps cru que le cœur était le centre des émotions.

On sait aujourd'hui que les émotions prennent naissance dans le **cerveau**. Malgré tout, on continue d'utiliser des expressions qui associent le cœur ou le sang aux émotions. On dit par exemple qu'on a « le cœur brisé » ou « le cœur gros » lorsqu'on se sent triste. Une situation nous « glace le sang » quand elle nous fait peur. Notre sang « bouillonne » si l'on est en colère. Et toi, quelle expression emploies-tu pour parler de tes émotions ?

> Quand tu as peur, ton cœur bat plus rapidement. Ainsi, ton corps a plus d'énergie pour réagir à la situation.

SOUFFRIR D'UN CŒUR BRISÉ

Sais-tu que la tristesse peut réellement « briser » des cœurs ? Le **syndrome du cœur brisé** est une maladie rare qui ressemble à la crise cardiaque et qui affecte surtout les femmes âgées. Il survient parfois après de très grandes émotions, par exemple la perte d'un être cher. Heureusement, le cœur brisé guérit souvent en quelques semaines.

Quand ça ne tourne pas rond

Le cœur est un moteur incroyable pour ton corps. Mais parfois, des anomalies font en sorte qu'il a de la difficulté à effectuer son travail.

Entends-tu ce bruit étrange ?

Il arrive qu'une des **valves cardiaques** ne fonctionne pas correctement. Parfois, une valve se referme mal après le passage du sang, un peu comme un robinet qui fuit. D'autres fois, elle ne s'ouvre pas assez, ce qui fait que le sang a de la difficulté à traverser. Lorsque cela se produit, on peut entendre au stéthoscope un bruit anormal quand le cœur se contracte. C'est le **souffle au cœur**.

Le souffle au cœur est souvent présent dès la naissance et disparaît avec le temps. Il passe généralement inaperçu et ne provoque aucun problème. Mais parfois, le souffle au cœur est plus grave. La personne peut se sentir essoufflée plus vite que les autres lorsqu'elle bouge ou même ressentir des douleurs à la poitrine. Une opération est alors nécessaire pour réparer la valve défectueuse.

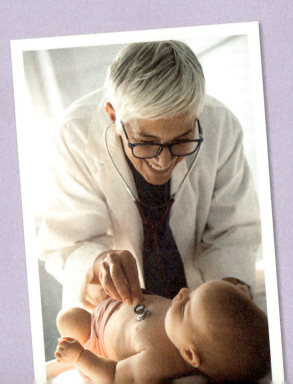

Quand le cœur s'emballe

Chez certaines personnes, le cœur se met soudainement à battre de manière désordonnée. Ce trouble du rythme cardiaque s'appelle « **arythmie** ».

L'arythmie survient quand les signaux électriques du cœur se dérèglent, ce qui ralentit ou accélère dangereusement les battements du cœur ou l'amène à battre un peu n'importe comment. Le cœur devient alors incapable de pomper le sang correctement, ce qui peut causer des étourdissements, de la fatigue et même un évanouissement.

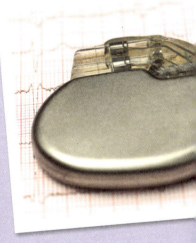

UN SIGNAL ÉLECTRIQUE QUI SAUVE DES VIES

Quand tu es dans la lune, tu reviens vite à la réalité si quelqu'un te fait sursauter. Comme toi, le cœur qui déraille a parfois besoin d'être « surpris » pour retrouver un rythme normal. Pour « surprendre » le cœur, les médecins utilisent un petit appareil appelé « **stimulateur cardiaque** ». Installé sous la peau, au niveau du cœur, le stimulateur cardiaque surveille avec attention son rythme. S'il s'emballe, l'appareil lui envoie un signal électrique qui lui permet de reprendre un rythme régulier.

Quand ça ne tourne pas rond

Le cœur en manque d'oxygène

Il arrive qu'un vaisseau se bloque et qu'il ne soit plus capable d'acheminer le sang vers un organe. Celui-ci se trouve alors privé d'oxygène et de **nutriments**, et cesse de fonctionner normalement. C'est l'**infarctus**.

Si l'infarctus se produit au niveau du cœur, on lui donne le nom de « **crise cardiaque** ». Celle-ci survient lorsqu'une des **artères** qui parcourent les parois du cœur se bloque. Dans ce cas, une partie du cœur se retrouve privée d'oxygène.

La crise cardiaque se produit surtout chez les personnes plus âgées. La personne ressent alors des douleurs à la poitrine et au bras gauche. Elle peut aussi devenir essoufflée. La crise cardiaque est très sérieuse puisqu'une partie du cœur cesse de fonctionner. Après un infarctus, le cœur a plus de difficulté à pomper le sang et à l'envoyer partout dans le corps.

Heureusement, les progrès de la médecine permettent aujourd'hui de soigner de plus en plus de gens qui ont fait une crise cardiaque.

Quand ça ne tourne pas rond

Une question de vie ou de mort

Parfois, le cœur cesse subitement de battre. La personne s'effondre au sol et arrête de respirer. Elle ne réagit plus au bruit ni à la douleur d'un pincement. C'est l'**arrêt cardiaque**, qui survient surtout chez les personnes âgées dont le cœur est malade.

Si le cœur ne bat plus, le sang cesse de circuler dans le corps et l'oxygène ne se rend plus au cerveau. Et si le cerveau manque d'oxygène trop longtemps, c'est la mort assurée. On doit donc entreprendre rapidement des manœuvres de **réanimation cardio-respiratoires** (RCR), qui peuvent être apprises dans des cours de premiers soins. Le RCR imite les contractions du cœur grâce à des poussées régulières des mains sur la poitrine. Le sang peut donc continuer de se rendre au cerveau en attendant l'arrivée des secours. La personne doit être transportée rapidement à l'hôpital, où elle pourra être soignée.

On trouve dans plusieurs lieux publics des appareils appelés « **défibrillateurs** ». En cas d'arrêt cardiaque, le défibrillateur peut sauver des vies en envoyant une décharge électrique au cœur pour le faire battre à nouveau.

Prendre soin de ton corps

Pour que ton cœur garde la forme et le rythme, tu dois en prendre soin. Pour y arriver, pense à adopter de saines habitudes de vie.

Mange moins de gras, de sucre et de sel

Certaines substances sont mauvaises pour le cœur. Le gras et le sucre favorisent la formation de dépôts sur les parois des **artères**, ce qui rend difficile le passage du sang et demande plus d'efforts au cœur. Le sel, lui, augmente la pression dans les artères.

La malbouffe (sucreries, croustilles, frites, etc.) et les aliments transformés contiennent beaucoup de gras, de sucre et de sel. Essaie d'en manger le moins souvent possible. Mets plutôt dans ton assiette des fruits et des légumes frais, des aliments riches en **protéines** (légumineuses, noix, poissons, etc.) et des produits céréaliers à grains entiers (pain, pâtes, céréales, riz, etc.).

LES BONS ET LES MAUVAIS GRAS

Tous les gras ne sont pas mauvais pour le cœur. Les **oméga-3**, par exemple, sont de « bons gras ». Ils fournissent de l'énergie à ton corps et aident à diminuer l'effet néfaste des mauvais gras. Les noix et les poissons gras (saumon, hareng, sardine) contiennent beaucoup d'oméga-3.

Reste zen

Le stress peut être mauvais pour le cœur s'il devient **chronique**, c'est-à-dire s'il est toujours présent. Lorsque tu ressens du stress, ton pouls s'accélère et la pression dans tes artères augmente. À la longue, cela demande à ton cœur plus d'efforts pour bien fonctionner.

Si tu ressens souvent du stress, prends de grandes respirations qui t'aideront à te calmer. Tu peux aussi t'adonner à une **activité relaxante**. Pense à aller marcher en forêt, à écouter une musique que tu aimes, ou à pratiquer tes poses de yoga !

RIS DE BON CŒUR

En plus de faire du bien à ton corps et à ton esprit, le rire est bon pour la santé du cœur. Quand tu ris, tu te sens bien et de bonne humeur, tes muscles se détendent et ton stress diminue. Rire ralentit le pouls et baisse la pression dans les artères. Rien de mieux que de rire pour garder son cœur en bonne santé !

Prendre soin de ton corps

Dors bien

Le manque de **sommeil** a tendance à augmenter la pression dans les **artères** et à demander plus d'efforts au cœur. Pour l'aider à rester fort et en bonne santé, assure-toi de bien dormir chaque nuit.

> Si tu as entre 8 et 12 ans, tu as besoin de 10 à 11 heures de sommeil par nuit.

Entraîne ton cœur tous les jours

Sais-tu qu'en bougeant chaque jour, tu améliores la santé de ton cœur ? Bouger permet d'entraîner tes muscles, dont ton cœur. Celui-ci devient alors plus fort et pompe le sang plus facilement dans ton corps. L'**activité physique** aide tes vaisseaux sanguins à se débarrasser du gras qui pourrait les bloquer. Elle aide aussi à diminuer le stress et à mieux dormir. Peu importe que tu sois du genre à courir, à danser, à nager ou à pédaler, l'important, c'est de bouger !

Éloigne-toi de la fumée

Les fumées du tabac, de la vapoteuse, des feux de foyer ou des feux de camp sont néfastes pour la santé, particulièrement pour celle de ton cœur. Les particules contenues dans ces fumées nocives augmentent la pression dans les artères et peuvent amener les mauvais gras à bloquer les vaisseaux sanguins. Le cœur doit donc travailler plus fort, ce qui peut le rendre malade.

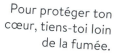

Pour protéger ton cœur, tiens-toi loin de la fumée.

Voici en résumé les trucs pour garder ton cœur fort et en bonne santé :

- **Mange** tous les jours des collations et des repas faits d'aliments sains et nutritifs.
- **Choisis** des aliments qui contiennent de bons gras, comme les noix, et évite la malbouffe.
- **Dors** suffisamment.
- **Bouge** tous les jours.
- **Détends-toi** et ris dès que tu en as l'occasion.
- **Évite** les fumées nocives.

Se tourner vers l'avenir

Les **cardiologues** sont les médecins spécialistes du cœur et de l'appareil circulatoire. Pour les aider dans leur travail, les cardiologues peuvent compter sur leur savoir, mais aussi sur plusieurs appareils comme le **stéthoscope** et l'**électrocardiographe** qui permettent d'étudier le cœur et son fonctionnement.

Mesurer l'activité électrique du cœur

L'**électrocardiogramme**, ou ECG, est un examen médical qui enregistre les signaux électriques du cœur. Grâce à des électrodes placées à divers endroits sur la peau d'une personne, l'ECG permet de reproduire l'activité du cœur sur un écran ou un papier, sous la forme d'un tracé. L'électrocardiogramme peut être réalisé au repos pour détecter des anomalies dans l'activité électrique du cœur, par exemple l'arythmie. Il peut aussi être réalisé pendant qu'une personne fournit un effort physique sur un tapis roulant ou un vélo d'exercice.

L'électrocardiogramme permet d'évaluer la santé du cœur et sa résistance à l'effort à l'aide d'un appareil : l'électrocardiographe.

Une montre qui suit le cœur en temps réel

On peut aujourd'hui suivre plus facilement les battements du cœur grâce à de nouvelles technologies comme les **montres intelligentes**. Celles-ci détectent en temps réel le rythme cardiaque. Elles enregistrent aussi le nombre de pas qu'une personne fait dans une journée et le temps passé à dormir.

Certaines montres intelligentes fonctionnent un peu comme un électrocardiographe et peuvent détecter des arythmies.

Ces montres semblent bien pratiques. Pourtant, elles ne sont pas essentielles pour avoir un cœur en bonne santé. Si tu fais régulièrement de l'exercice physique, tu en ressentiras les bienfaits en peu de temps : tu te fatigueras moins vite et tu reprendras ton souffle plus rapidement. Et pour ce qui est de mesurer le pouls, il est toujours possible de le faire en posant tes doigts sur ton cou ou ton poignet !

Pour mesurer ton pouls, demande à quelqu'un de déclencher le chronomètre et compte les battements de ton cœur pendant une minute.

Se tourner vers l'avenir

La greffe cardiaque sous la loupe

Parfois, le cœur tombe gravement malade et devient incapable de faire circuler le sang dans le corps. Les médecins n'ont plus d'autres solutions que de le remplacer.

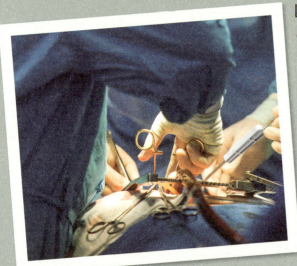

La **transplantation cardiaque** (ou greffe cardiaque) est l'opération qui consiste à remplacer le cœur mal en point par un cœur en bon état. Ce dernier vient d'une personne décédée appelée « donneur ». Grâce aux progrès de la médecine, ceux et celles qui reçoivent une greffe du cœur peuvent aujourd'hui vivre une longue vie active.

> La première greffe du cœur a eu lieu en Afrique du Sud en 1967. Depuis, les médecins de partout dans le monde ont réalisé de nombreuses transplantations cardiaques grâce au **don d'organe**.

Un cœur mécanique pour aider le cœur malade

Les personnes qui ont besoin d'un nouveau cœur doivent parfois patienter longtemps avant qu'un organe soit disponible. Un **cœur artificiel** peut alors donner un coup de pouce au cœur malade en l'aidant à faire circuler le sang partout dans le corps. Le cœur mécanique est cependant une solution temporaire, en attendant la greffe.

Se tourner vers l'avenir

Faire revivre le cœur après une crise cardiaque

Lors d'une crise cardiaque, une partie du muscle du cœur est privée de sang et d'oxygène. On doit donc rétablir rapidement la circulation, sans quoi les **cellules** qui s'y trouvent risquent de mourir. Et une fois ces cellules mortes, le cœur fonctionne moins bien. C'est que ces cellules ne peuvent pas être remplacées… du moins pour le moment.

Des scientifiques pensent que dans le futur, on pourra **régénérer** les cellules qui sont mortes à la suite d'une crise cardiaque en les remplaçant par de nouvelles cellules.

UN POISSON AU CŒUR IMMORTEL ?

Le **poisson zébré** possède un étonnant pouvoir. Lorsque son cœur est blessé, ce petit animal fabrique des molécules dont le travail consiste à remplacer les cellules qui sont mortes par de nouvelles cellules. Le cœur peut ainsi reprendre son travail à plein régime. Qui sait, en étudiant le poisson zébré, les scientifiques pourraient trouver un remède pour réparer les cellules du cœur humain…

Se tourner vers l'avenir

Activités

1. Associe chaque animal au fait étonnant qui lui correspond.

a) Sa fréquence cardiaque atteint 1200 battements par minute.

b) Lorsque cet animal hiberne, son cœur arrête complètement de battre.

c) Cet animal doit prendre des bains de soleil pour réchauffer son sang froid.

d) Cet animal a trois cœurs au centre de son corps, en plus d'avoir le sang bleu.

e) Son cœur bat seulement 30 fois par minute.

f) Sa pression artérielle est la plus élevée de tous les animaux pour lui permettre d'acheminer le sang jusqu'à sa tête.

g) Son cœur est le plus gros de tous les êtres vivants.

h) Cet animal n'a pas de cœur ni de sang.

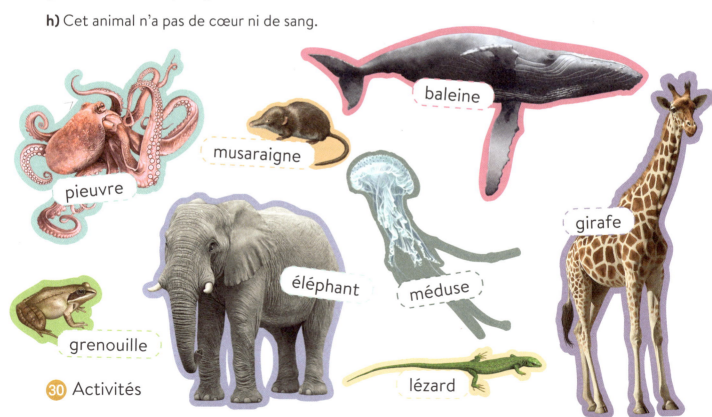

2. Qui suis-je ?

a) Je suis un bruit anormal qui se produit lorsqu'une **valve cardiaque** ne fonctionne pas correctement.

b) Je suis un petit appareil qui surveille l'activité du cœur et qui n'hésite pas à le remettre sur la bonne voie lorsqu'il déraille.

c) En regardant mon tracé, les cardiologues peuvent suivre les signaux électriques du cœur et son activité.

d) Dans le sang, je suis le petit véhicule qui transporte l'oxygène aux quatre coins de ton corps.

e) « Boum boum », c'est moi qui fais ce bruit de battement lorsque je me referme.

f) Parce que je suis en grande forme, ma fréquence cardiaque peut être aussi basse que 35 battements par minute.

g) J'accélère ou je ralentis au gré de tes activités et de tes émotions.

h) On croyait autrefois que nous avions le sang bleu.

3. Identifie les parties de l'appareil circulatoire.

a) aorte
b) veine pulmonaire
c) artère pulmonaire
d) veine cave
e) cœur droit
f) cœur gauche
g) poumon

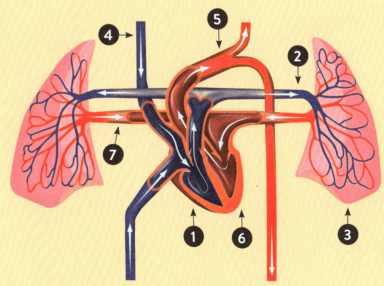

Activités

Glossaire

Artère : Gros vaisseau sanguin qui reçoit le sang à la sortie du cœur.

Capillaires : Minuscules vaisseaux sanguins qui rejoignent toutes les cellules du corps. C'est dans les capillaires que se font les échanges entre le sang et les cellules.

Cellule : Plus petit élément qui constitue l'être vivant. Les cellules forment les organes, les appareils et les systèmes du corps, comme les blocs d'un édifice.

Cicatrisation : Réparation de la peau (ou de toute autre partie du corps).

Coagulation : Regroupement de plaquettes et d'autres composantes du sang afin de former une croûte qui empêche le sang de sortir d'un vaisseau sanguin blessé.

Hémorragie : Écoulement de sang à l'extérieur d'un vaisseau sanguin blessé. La plupart sont sans gravité.

Nutriments : Substances qui composent les aliments et nourrissent les êtres vivants, ce qui leur permet d'avoir de l'énergie, de croître et de rester en bonne santé. Les artères transportent les nutriments vers toutes les cellules du corps.

Propulser : Envoyer avec force. Le cœur propulse le sang vers toutes les parties du corps.

Protéines : Nutriments que l'on trouve dans certains aliments comme la viande, les légumineuses et les noix.

Valve cardiaque : Porte située à la sortie de chaque oreillette et de chaque ventricule. Les valves cardiaques s'ouvrent et se ferment pour laisser passer le sang.

Veine : Vaisseau qui achemine le sang vers le cœur après son passage dans les capillaires.

Réponses aux activités

Faits étonnants : a – musaraigne ; b – grenouille ; c – lézard ; d – pieuvre ; e – éléphant ; f – girafe ; g – baleine ; h – méduse
Qui suis-je ? : a – souffle au cœur ; b – stimulateur cardiaque ; c – électrocardiographe ; d – globule rouge ; e – valve cardiaque ; f – athlète ; g – fréquence cardiaque ; h – gens de familles royales
Appareil circulatoire : a – 5 ; b – 7 ; c – 2 ; d – 4 ; e – 1 ; f – 6 ; g – 3

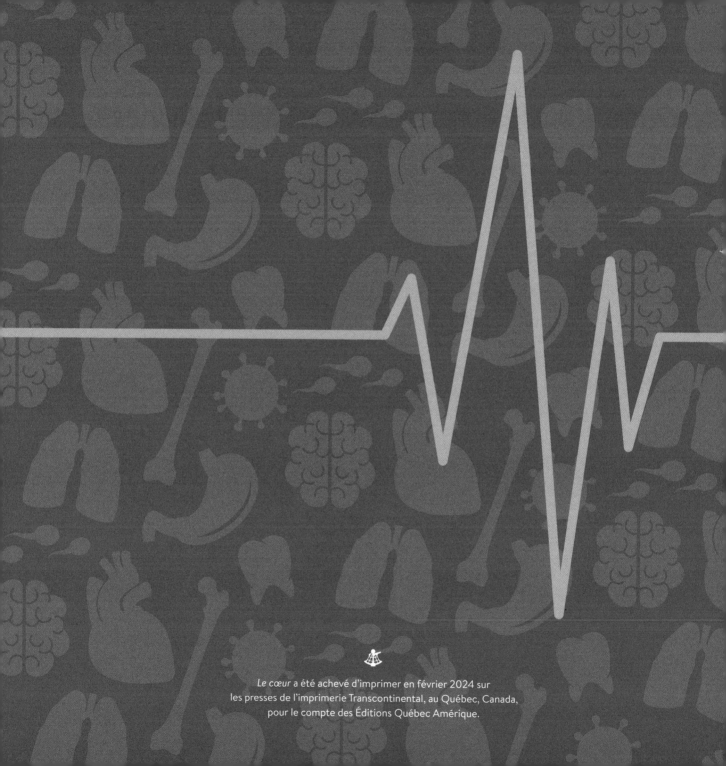

Le cœur a été achevé d'imprimer en février 2024 sur
les presses de l'imprimerie Transcontinental, au Québec, Canada,
pour le compte des Éditions Québec Amérique.